Duden

Kurz geübt & schnell kapiert

Deutschheft

7. Klasse

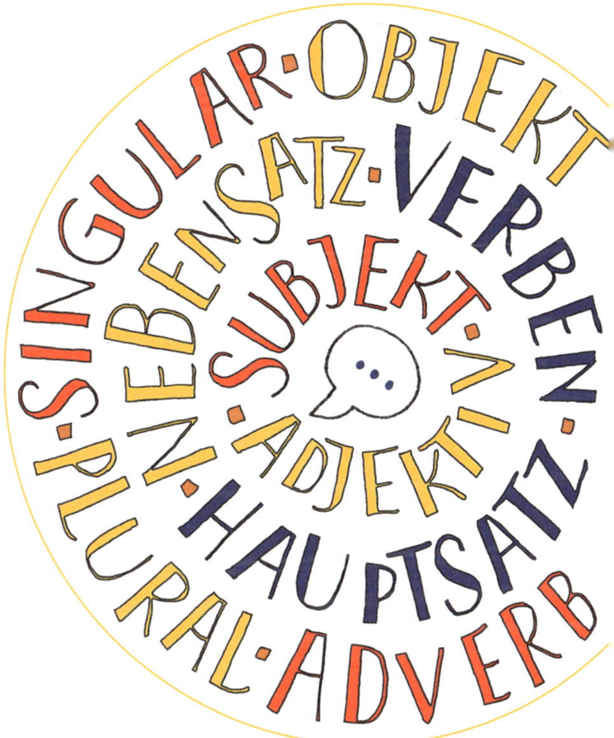

Dudenverlag
Berlin

Lernplan von ____________________

Seite	Grammatik	bearbeiten am	☹ 😐 ☺	↺ ✓
4	Pronomen			
6	Satzglieder erkennen			
8	Satzglieder benennen			
10	Konjunktionen			
12	Satzgefüge bilden			
14	Präpositionen und Kasus			
16	Vermischte Übungen			

Seite	Rechtschreibung	bearbeiten am	☹ 😐 ☺	↺ ✓
18	s, ss oder ß?			
20	Silbentrennung			
22	Wörter mit x, cks, chs, ks, gs			
24	Fremdwörter			
26	Einfacher oder doppelter Konsonant?			
28	end- oder ent-?			
38	wider- oder wieder-?			

Pronomen

„Pro" heißt *für*. „Pronomen" stehen also *für ein Nomen*.
Da **Pronomen** so kurz sind, werden sie sehr gern und häufig verwendet. Man muss sich dabei aber immer fragen, ob klar ist, auf welches Nomen sich das Pronomen bezieht (Bezugswort). Ist der Bezug nicht eindeutig, muss man das Nomen selbst wiederholen.

Beispiel für einen Satz mit unklarem Bezug:
Marie geht mit ihrer Freundin Lea neue Pullover kaufen. Nach langem Suchen entscheidet *sie* sich für einen samtweichen Rollkragenpulli.
... und so wird der Satz eindeutig:
Nach langem Suchen entscheidet *Marie* sich für einen samtweichen Rollkragenpulli.

1 Worauf könnte sich das Pronomen „er" im Beispieltext beziehen? Unterstreiche alle Nomen, die gemeint sein könnten.

Herr Müller und Herr Schneider hatten ein Seil um einen Baum gelegt und das andere Ende an einen Traktor gebunden. Herr Müller saß auf dem Traktor. Herr Schneider sollte Bescheid sagen, wenn er umfiel.

3

2 Du ahnst sicher, was der Verfasser dieses Textes sagen wollte. Schreibe den letzten Satz von Übung 1 so um, dass das Missverständnis ausgeräumt ist. Verfahre mit dem nächsten Text ebenso.

Felix hatte zu Abend gegessen, war dann in seinem Zimmer verschwunden und hatte den Computer angestellt. Er kam nicht richtig in Fahrt.

2

Pronomen kannst du nur dann verwenden, wenn der **Bezug eindeutig** ist, z. B. wenn
→ das am nächsten stehende Nomen gemeint ist, das
→ das gleiche Geschlecht hat und
→ im gleichen Numerus (Singular oder Plural) steht.

★ **3** **Überlege, an welchen Stellen des folgenden Textes ein Pronomen eingesetzt werden kann. Füge an allen anderen Stellen eines der angebotenen Nomen ein. Prüfe, ob ein Artikel erforderlich ist.**

Mann *Stock* *Hund* *er* *ihn* *ihm*

Jeden Abend ging der Mann mit seinem __________ eine Runde durch die Felder spazieren. Meistens war __________ froh, nach den vielen Stunden im Büro etwas frische Luft schnappen zu können. Manchmal nahm __________ einen Stock und warf __________ so weit wie möglich weg, sodass __________ losrannte, um das Holz in rasendem Tempo zurückzubringen. __________ stoppte dabei kurz vor dem Stock ab, schnappte __________ und brachte __________ in großen Sätzen wieder zu __________ zurück. Dieser suchte sich meist eine andere Richtung aus und warf __________ erneut, so weit __________ konnte. __________ stürzte wieder los und das Spiel begann von neuem. __________ konnte gar nicht genug bekommen und bellte, wenn __________ eine Pause machte.

__ | 14

19 – 14 Punkte
13 – 9 Punkte
8 – 0 Punkte
Gesamtpunktzahl

Satzglieder erkennen

Um **Satzglieder** (Subjekt, Prädikat, Objekt etc.) richtig bestimmen zu können, muss man wissen, wo sie anfangen und wo sie enden. Dabei hilft die **Umstellprobe**. Alle Wörter, die beim Umstellen zusammenbleiben, bilden ein Satzglied.

Beispiel:	Dort	steht	mein kleiner Kaktus.
Umstellprobe:	Mein kleiner Kaktus	steht	dort.

Die Umstellprobe zeigt, dass „Mein kleiner Kaktus" zusammengehört.

1 **Wende die Umstellprobe an. Die Töpfe zeigen dir, welche Wörter zusammenbleiben müssen. Erprobe mehrere Möglichkeiten.**

1. ______________________________

____

____

2. ______________________________

____

____

3. ______________________________

____

______________________________ 3

2 **In den folgenden Sätzen sollen die fett gedruckten Wörter an den Anfang des Satzes wandern. Welche anderen Wörter müssen sie jeweils mitnehmen? Mache die Umstellprobe und unterstreiche die zusammenhängenden Wörter.**

1. Gestern Nachmittag hat unsere ganze Familie nacheinander mit unserem kranken bayerischen **Onkel** telefoniert.

   Umstellprobe: ______________________________

   ____

2. Er hat die vom Wind zugeschlagene **Tür** mit dem Dietrich unseres Nachbarn öffnen können.

   Umstellprobe: ______________________________

   ____

3. Er hat die vom Wind zugeschlagene Tür mit dem Dietrich unseres **Nachbarn** öffnen können.

   Umstellprobe: ______________________________

   ____

4. Die alte Frau hat das wertvolle alte Buch gestern einer **Nichte** aus Amerika geschenkt.

   Umstellprobe: ______________________________

   ____

5. Die alte Frau hat das wertvolle alte **Buch** gestern einer Nichte aus Amerika geschenkt.

   Umstellprobe: ______________________________

   ____

   ______________________________ [ ] 5

8 – 6 Punkte | 5 – 4 Punkte | 3 – 0 Punkte | Gesamtpunktzahl

Satzglieder benennen

Sätze lassen sich in einzelne **Satzglieder** zerlegen. Ein vollständiger Satz besteht immer aus mindestens zwei Satzgliedern: Subjekt und Prädikat. Sie können durch Objekte ergänzt werden.

Beispiel:	Die Mutter	singt	ein Lied.
	Subjekt	Prädikat	Objekt

Mit den folgenden Fragen kannst du die **Satzglieder erfragen** und benennen:

Subjekt: *Wer oder was?*
Prädikat: *Was tut ...?*
Akkusativobjekt: *Wen oder was?*
Dativobjekt: *Wem?*
Genitivobjekt: *Wessen?*

Neben Subjekt, Prädikat und Objekt gibt es noch adverbiale Bestimmungen. Sie bezeichnen die genauen Umstände eines Geschehens bzw. einer Situation.
Adverbiale Bestimmung des Grundes: *Warum oder weshalb?*
Adverbiale Bestimmung der Zeit: *Wann?*
Adverbiale Bestimmung des Ortes: *Wo?*

1 **Ein Zeuge hat einen Unfall gemeldet. Wie haben wohl die Fragen gelautet? Schreibe sie neben die Antworten.**

______________________ *Ein Verkehrsunfall*

Gegen Viertel nach neun ______________________

______________________ *Auf der Hauptstraße*

Eine Autofahrerin und ein älterer Radfahrer ______________________

______________________ *Wegen der Unaufmerksamkeit der Autofahrerin*

5

2 **Formuliere die vorgegebenen Satzglieder aus Übung 1 zu einem Bericht aus. Unterstreiche die Satzglieder in unterschiedlichen Farben und bezeichne sie mit den Begriffen aus dem Wortspeicher.**
Tipp: Du musst manche Bezeichnungen mehrfach verwenden.

Akkusativobjekt *adverbiale Bestimmung des Grundes*
adverbiale Bestimmung der Zeit *adverbiale Bestimmung des Ortes*
Subjekt *Prädikat*

Bericht: ____

____

____

____

____

____

____

____

____

____

____

Pro Unterstreichung und Bezeichnung 2 Punkte ☐ 22

3 **Hast du weitere Objekte (Dativ-, Genitivobjekt) verwendet? Wenn ja, unterstreiche auch sie und bezeichne sie entsprechend.**

Pro Objekt 1 Punkt ☐ 2

☐ 30 – 25 Punkte 24 – 16 Punkte 15 – 0 Punkte ☐ Gesamtpunktzahl

Konjunktionen

Konjunktionen können Haupt- und Nebensätze miteinander verbinden. Sie stellen unterschiedliche logische Bezüge her, z. B. *begründen, einräumen, Bedingungen aufzeigen.*
Beispiel:
Ich muss jetzt gehen,
weil in einer halben Stunde mein Fußballtraining anfängt. *Begründung*
obwohl es gerade so schön bei euch ist. *Einräumung*

1 Welche Aufgaben übernehmen die Konjunktionen in den folgenden Sätzen?

Begründung *Folge* *Bedingung* *Einräumung* *Zweck* *Zeitangabe*

1. Ich bin gegen Hausaufgaben, da die Freizeit sonst zu kurz kommt.
   ______
2. Ich bin für eine regelmäßige Hausaufgabenkontrolle, obwohl ich meine Hausaufgaben auch manchmal vergesse.
   ______
3. Wenn mein Lehrer die Hausaufgaben häufiger kontrolliert, vergesse ich sie seltener.
   ______
4. Damit alle Schüler ihre Hausaufgaben machen, müssen die Aufgaben interessant sein.
   ______
5. Nachdem ich meine Hausaufgaben gemacht habe, darf ich schwimmen gehen.
   ______
6. Meine Mutter hilft mir beim Lernen, sodass ich bald besser werde.
   ______

| | 6

2 **Füge die Konjunktionen aus dem Wortspeicher in den Lückentext ein.**

obwohl *obwohl* *weil* *dass* *damit* *wenn*

Ich bin der Meinung, ______________ viele Menschen die Bedeutung von Sport unterschätzen. ____________ sie wissen, wie wichtig Sport für eine gute Gesundheit ist, fällt es ihnen schwer, eine Sportart auszuüben. Manche behaupten, keine Zeit dafür zu haben, _________ das oft nur eine Ausrede ist. __________ junge Leute ausprobieren können, welche Sportart ihnen Spaß macht, werden in fast jeder Stadt regelmäßig Wettkämpfe angeboten. Solche „Schnupperangebote" sind sinnvoll, ____________ sie in der Regel kostenlos sind und man auch ohne Vorkenntnisse daran teilnehmen kann. ______________ ihnen eine Sportart gefällt, können sie sich in einem Sportverein oder Fitnessstudio anmelden.

| | 6

Das gebeugte Verb steht im Nebensatz fast immer am Satzende.

3 **Die folgenden Sätze mit *weil* kann man so nicht schreiben. Formuliere die Hauptsätze nach *weil* in Nebensätze um.**

1. Ich mische die Karten nicht, weil der Jakob kann das viel besser.

____

2. Lisa kommt heute nicht, weil sie hat doch nie Lust auf Volleyball.

____

| | 2

14 – 11 Punkte

10 – 7 Punkte

6 – 0 Punkte

Gesamtpunktzahl

Satzgefüge bilden

Satzgefüge bestehen aus Haupt- und Nebensatz.
Beispiel:

Weil meine Freundin im Krankenhaus liegt,	gehe ich allein zum Sport.
Nebensatz	+ Hauptsatz = Satzgefüge

Der Nebensatz kann dabei an verschiedenen Positionen stehen:
________HS________, (Konj.) ________NS________.
(Konj.) ________NS________, ________HS________.
________HS________, (Konj.) ________NS________, ________HS________.

Ein eingeschobener Nebensatz wird immer mit zwei Kommas abgetrennt.

1 **Die Sätze unten bestehen jeweils aus Haupt- und Nebensatz. Die Satzglieder der Hauptsätze (in Großbuchstaben gesetzt) sind durcheinandergeraten. Schneide zunächst die Puzzle-Teile der Hauptsätze aus und lege sie in der richtigen Reihenfolge zusammen. (Du kannst die Wörter auch auf ein Blatt Papier schreiben und auseinanderschneiden.)**

2 **Schneide nun die Nebensätze aus. (Oder schreibe sie auf ein Blatt Papier und schneide sie aus.) Teste, an welchen Stellen sie in die Hauptsätze eingefügt werden können.**

1. | HAT | IN DER SCHULE | HEUTE | ER | GEFEHLT | weil er krank war

2. | EINE STUNDE LANG | SIE | HAT | OHNE ANORAK | GESPIELT | MIT DEM HUND | obwohl es regnete

3. | RETTEN | GERADE NOCH | SICH | SIE | KONNTEN | nachdem das Auto in den Fluss gestürzt war

3 **Trage jeweils drei der Möglichkeiten, die du gefunden hast, hier ein. Setze an allen Stellen ein Komma, an denen der Nebensatz auf den Hauptsatz trifft.**

1. *Er hat heute, weil er krank war, in der Schule gefehlt.*

2.

3.

Pro richtig zusammengesetztem Satzgefüge 1 Punkt [ ] 8

Pro richtig gesetztem Komma 1 Punkt [ ] 10

[ ] 18 – 14 Punkte | 13 – 9 Punkte | 8 – 0 Punkte | [ ] Gesamtpunktzahl

Präpositionen und Kasus

Präpositionen können mit einem **Artikel** verschmelzen.
Beispiele: an + dem = am, bei + dem = beim, in + das = ins

1 **Fülle die leeren Felder aus. Du musst entweder die Präposition und den Artikel verschmelzen oder herausfinden, was verschmolzen worden ist.**

1. *in* ____ *dem* ____ → im
2. vor dem → ________
3. ______ ______ → vom
4. zu dem → ________
5. ______ ______ → unterm
6. um das → ________
7. ______ ______ → hinters
8. bei dem → ________ 7

Eine Präposition bestimmt den Fall (Kasus) des **Bezugsworts**. Im folgenden Beispiel fordert die Präposition den Dativ (*in wem oder was?*).
Es gibt viel Auswahl im „Frühstücksparadies", der kleinen Bäckerei.

Von der Präposition können mehrere Bezugswörter abhängen. Sie stehen dann in demselben Fall (Kasus). Du erkennst den Fall, wenn du überlegst, was verschmolzen ist.
Beispiel: *in dem* „Frühstücksparadies"
(in) der kleinen Bäckerei
Das Geschlecht (Genus) wechselt hier, der Fall (Kasus) bleibt jedoch gleich, weil die Präposition sich auf „Frühstücksparadies" und „kleine Bäckerei" bezieht.

★ **2 Welchen Fall (Kasus) erfordern die Präpositionen jeweils? Unterstreiche sie und ergänze die fehlenden Artikel.**

1. Wir treffen uns heute Nachmittag am Schwimmbad, ________ neuen in der Hauptstraße.
2. Wegen ________ bevorstehenden Unwetters sind viele Vorsichtsmaßnahmen getroffen worden.
3. Er handelt gemäß ________ Motto: Wer zuerst kommt, mahlt zuerst.
4. Trotz ________ guten Essens blieben die meisten Gäste fern.
5. Um ________ lieben Friedens willen entschuldigte sie sich schließlich.
6. Der Kater sprang von der Tanne, ________ größten im Garten. ___ 6

3 Bilde Sätze aus den vorgegebenen Stichworten. Ergänze dabei die Artikel.

~~nichts gegen Idee einwenden~~
auf Sessel Kissen legen
wegen Diebstahl Ärger bekommen
entlang Ufer spazieren gehen
gegen Urteil Berufung einlegen
trotz Kälte ohne Jacke gehen

1. *Ich habe nichts gegen die Idee einzuwenden.*
2. ________________________________
3. ________________________________
4. ________________________________
5. ________________________________
6. ________________________________ ___ 5

___ 18 – 14 Punkte 13 – 10 Punkte 9 – 0 Punkte ___ Gesamtpunktzahl

Vermischte Übungen

1 Entscheide an den markierten Stellen, ob ein Komma eingefügt werden muss, und setze es bei Bedarf ein.

Nach einer ermüdenden Reise ☐ kam die Klasse in der Jugendherberge am Fuße der Alpen an. Während die Schülerinnen und Schüler mit dem Busfahrer ihre Koffer suchten ☐ erkundigte sich die Klassenlehrerin an der Rezeption ☐ nach den Räumen ☐ die der Klasse zugeteilt worden waren ☐ was einige Zeit dauerte. Die Lehrerin ging ☐ nach der Erledigung aller Formalitäten ☐ wieder nach draußen ☐ da sie nun der Klasse die Zimmer zeigen wollte. Als sie auf den Platz vor der Herberge trat ☐ war jedoch kein einziger Schüler mehr zu sehen. Sie wollte gerade in die Herberge zurückeilen ☐ als sich der Fahrer des Busses bemerkbar machte ☐ der sie hergebracht hatte. ☐ 11

2 Ordne jedem Hauptsatz einen passenden Nebensatz zu. Zeichne dazu Verbindungslinien ein.

1. Meine große Schwester glaubt nicht an Gespenster,	dass ich eine Gänsehaut bekomme.
2. Ich lese auch sehr gerne Gespenstergeschichten,	während ich mir da nicht so sicher bin.
3. Dabei grusele ich mich manchmal so stark,	obwohl ich danach nicht einschlafen kann.
4. Abends traue ich mich oft nicht allein in den Keller,	wenn sie mal wieder eine Spinne in ihrem Zimmer hat.
5. Dafür muss ich meine Schwester „retten“,	weil es dort überall dunkle Schatten gibt.

☐ 5

3 Ermittle die Satzteile. Wende die Umstellprobe an und trenne die Satzteile durch einen Strich |. Bezeichne anschließend die Satzteile: Subjekt, Prädikat, Objekt, adverbiale Bestimmung.

1. Paul macht in der ersten Ferienwoche eine interessante Entdeckung.
   Umstellprobe: *In der ersten Ferienwoche | macht*
   adverb. Best. der Zeit | Prädikat

2. Susannes kleine Schwester trägt ein rosafarbenes Lätzchen.
   Umstellprobe:

3. Niemand sollte heute Abend ohne Regenjacke auf die Straße gehen.
   Umstellprobe:

4. Franzis Eltern besuchen am Wochenende die kranke Oma in Bayern.
   Umstellprobe:

| 15

31 – 23 Punkte | 22 – 16 Punkte | 15 – 0 Punkte | Gesamtpunktzahl

s, ss oder ß?

Die Regeln für die Schreibung des **s-Lautes** kannst du von der Aussprache ableiten. Sprich die Wörter laut und prüfe: Wird der Vokal vor dem s-Laut lang oder kurz gesprochen? Klingt der s-Laut scharf oder weich?

1 Welche Wörter reimen sich auf „hassen", „saßen" und „lasen"? Setze die Listen fort.

hassen	*aßen*	*lasen*
p______	M______	V______
l______	Str______	H______
T______	sp______	B______
M______	fr______	Phr______
Tr______	bes______	Ph______
Kl______	verg______	N______
G______	s______	r______
f______	verm______	gr______

24

2 Ergänze nun die Regeln.

1. Nach einem lang gesprochenen Vokal schreibt man den scharfen s-Laut so: ______.
2. Nach einem lang gesprochenen Vokal schreibt man den weichen s-Laut so: ______.
3. Nach einem kurz gesprochenen Vokal schreibt man den ______ s-Laut so: ______.

4

3 Suche Reimwörter für „gossen“, „stoßen“ und „losen“.
Achte dabei auf die Aussprache und wende deine Regel an.

gossen	stoßen	losen
____	____	____
____	____	____
____	____	____
____	____	____
____	____	____

__ / 15

Viele Wörter kannst du verlängern oder ableiten.
Beispiele: Maus – Mäuse
groß – größer
Der s-Laut in „Mäuse“ klingt weich und summend, daher schreibt man auch die „Maus“ mit einfachem s.
Der s-Laut in „größer“ klingt scharf und zischend, daher schreibt man auch „groß“ mit ß.

★ **4 Sprich die Wörter laut aus, ergänze sie und schreibe die Verlängerung oder Ableitung auf.**

1. Lie ____ Seite 34 in diesem Buch. ____
2. Der erste Prei ____ geht an ... ____
3. Gie ____ doch bitte die Blumen. ____
4. Du hast eine Lau ____ im Haar. ____
5. Vorsicht! Der Topf ist hei ____! ____
6. La ____ dich nicht ärgern! ____

__ / 6

49–37 Punkte | 36–25 Punkte | 24–0 Punkte | Gesamtpunktzahl

Silbentrennung

1 Bilde aus den Silben in den Waben Wörter.

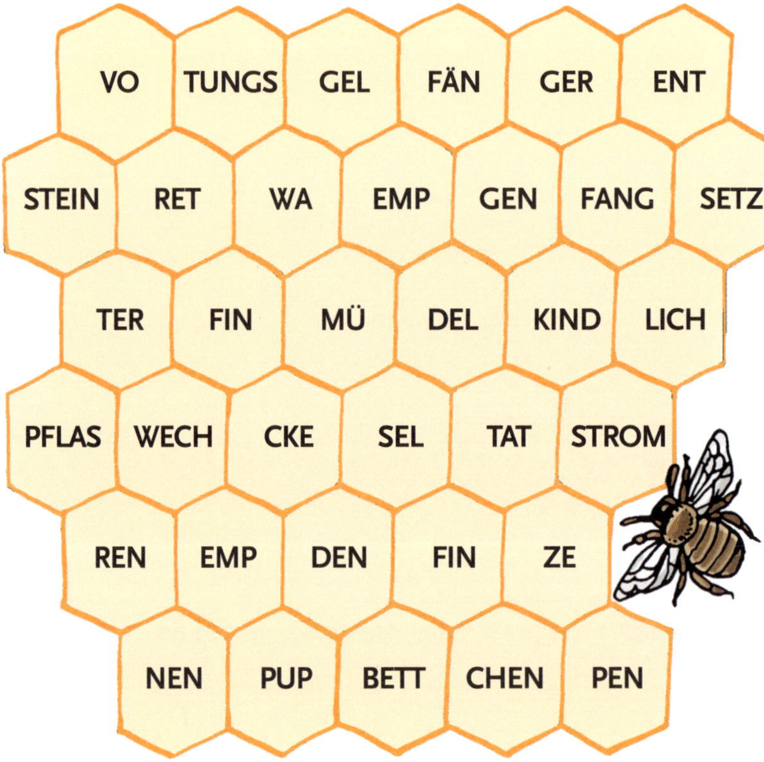

12

An der **Silbengrenze** trennst du:

st → s-t	pf → p-f
Beispiel: Res-te	Beispiel: Dämp-fe
chs → ch-s	tz → t-z
Beispiel: Wech-sel	Beispiel: Kat-ze, aber: Kätz-chen

tt, pp, ss, ll, ff, nn, mm → t-t, p-p, s-s, l-l, f-f, n-n, m-m
Beispiele: Mat-te, Pup-pe, Ris-se, Kel-ler, Af-fe, Rin-ne, Num-mer

Tipp: Wenn du unsicher bist, sprich das Wort langsam in Silben.
Beachte: Folgen mehrere Konsonanten aufeinander, trennt man den letzten ab: Dämp-fe, schwim-men.

★ **2** **Fülle nun selbst die Bienenwaben. Verwende dazu die vorgegebenen Wörter und trenne sie an der richtigen Stelle.**

Hauseingang *impfen* *Empfänger* *Kiste*

Wolle *Lastenaufzug* *Suppe* *Lätzchen* *witzig*

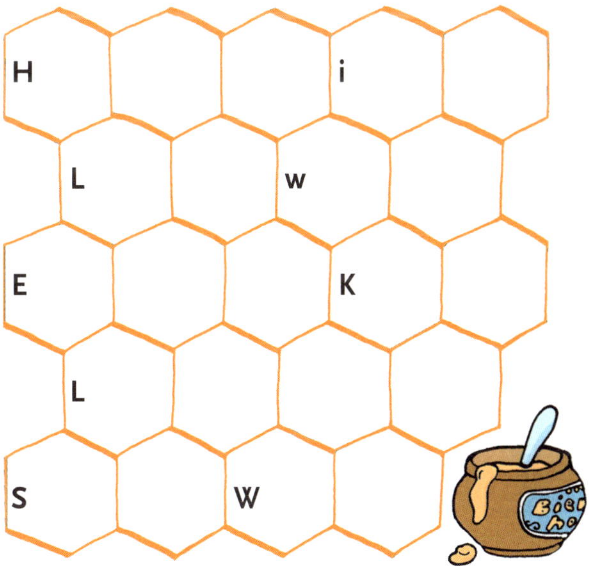

Für jede richtige Trennung 1 Punkt ___ /13

25 – 20 Punkte
19 – 13 Punkte
12 – 0 Punkte
Gesamt-punktzahl

Wörter mit x, cks, chs, ks, gs

1 **Im folgenden Buchstabenrechteck sind senkrecht sieben und waagerecht elf Wörter versteckt. Finde sie.**

X	O	X	Y	V	A	C	S	T	A	C	H	S	E	N
P	E	Z	B	O	X	K	A	M	P	F	B	M	A	X
B	L	T	X	L	I	A	X	E	L	P	N	I	X	E
Ü	K	T	L	K	T	P	E	Y	V	H	E	X	E	N
F	L	U	M	S	P	T	A	X	T	Ö	P	E	Z	T
L	E	Ö	Z	Z	W	Q	T	V	A	K	Z	R	A	S
E	C	M	A	Ä	T	D	B	E	X	T	R	A	C	T
X	K	A	J	H	J	A	I	O	I	K	D	G	H	H
I	S	C	V	L	A	C	H	S	O	E	G	H	S	L
B	E	E	L	U	C	H	S	A	U	G	E	Y	E	A
E	N	K	L	N	O	S	A	H	V	C	X	K	L	N
L	M	G	R	G	J	G	F	B	A	W	A	C	H	S

Schreibe die Wörter, die du gefunden hast, in die entsprechenden Zeilen. Achte auf die richtige Schreibung des Lautes.

waagerecht: ______________________________

____

____

senkrecht: ______________________________

____

____

18

★ **2** **Gesucht werden Wörter mit x, cks, chs, ks und gs. Löse das Rätsel. Einige Buchstaben sind schon vorgegeben.**

Du nimmst den Fisch auseinander. Du ... ihn.	z e r l _ _ _ _
Auf dem Weg von einem Ort zum anderen.	_ n _ _ _ _ _ _ _
Was jemand mitgebracht hat.	_ i t b _ _ _ _ _ _ _
Du ... den Koffer aus.	_ a _ _ _ _
Gebäckart.	_ _ k _
Jemand, der es gut erwischt hat.	_ _ ü _ _ _ _ _ _ _
Kann Gutes oder Schlechtes bringen.	_ c h i _ _ _ _ _
Fährt dich gegen Bezahlung irgendwohin.	_ a _ _
Du schreibst bei der Arbeit ab. Du ...	_ _ _ c _ _ _
Buch mit Informationen (alphabetisch).	_ e _ _ _ _ _
Du ... zusammen, wenn du dich erschreckst.	_ u _ _ _ _
Jemanden ins ... jagen.	_ _ _ k _ _ _ _ _
Kleiner Anhang.	A _ _ ä _ _ _ _ l
Jungenname.	_ _ _ l
Du ziehst andere gerne auf. Du ... sie.	_ e _ _ _ _

___ / 15

★ **3** **Wenn du die markierten Buchstaben von oben nach unten liest, erhältst du den Namen eines Märchenkobolds.**

Das Lösungswort lautet: ______________________________ ___ / 1

Zeit	34 – 28 Punkte	27 – 18 Punkte	17 – 0 Punkte	Gesamtpunktzahl

Fremdwörter

Viele Fremdwörter enden als Nomen auf -tion, -eur und -age.
Beispiele: Nation, Spediteur, Spionage

1 Suche je zwei Fremdwörter, die auf -tion, -eur und -age enden.

__________ __________

__________ __________

__________ __________ 6

Viele Fremdwörter enden als Verb auf -ieren.
Beispiel: montieren

2 Bilde Verben, die auf -ieren enden. Verwende dazu die angegebenen Nomen.

Transport	__________	Massage	__________
Spion	__________	Training	__________
Reaktion	__________	Kopie	__________
Information	__________	Interesse	__________

8

Viele Fremdwörter enden als Adjektiv auf -iv.
Beispiel: positiv

3 Bilde Adjektive, die auf -iv enden. Verwende dazu die angegebenen Nomen.

Innovation	__________	Relation	__________
Alternative	__________	Information	__________
Aktion	__________	Kreation	__________

6

Bei viel verwendeten Fremdwörtern ist die Schreibweise oft dem Deutschen angeglichen, manche kann man auf zwei verschiedene Arten schreiben. Häufig betrifft dies folgende Buchstaben:

Beispiele:

th – t	Panther	→	Panter
ph – f	Paragraph	→	Paragraf
gh – g	Spaghetti	→	Spagetti
c – k	Creme	→	Kreme
c – z	Circus	→	Zirkus
ai – ä	Polonaise	→	Polonäse
ou – u	Nougat	→	Nugat

★ **4 Zwei der folgenden Schreibweisen sind jeweils richtig. Kreuze sie an.**

1.	☐ Majonäse	☐ Mayonäse	☐ Mayonnaise
2.	☐ Thunfisch	☐ Tunfisch	☐ Tuhnfisch
3.	☐ Delphin	☐ Delfien	☐ Delfin
4.	☐ Jogurt	☐ Yoghurt	☐ Joghurt
5.	☐ Grafik	☐ Graphik	☐ Grafick
6.	☐ kirka	☐ circa	☐ zirka

☐ 12

Einfacher oder doppelter Konsonant?

Spricht man den **Vokal lang**, schreibt man den Konsonanten meist einfach.
Spricht man den **Vokal kurz**, schreibt man den Konsonanten meist doppelt.

1 Wie schreibt man nach einem Diphthong (Doppellaut)?
Füge die Konsonanten in die Lücken ein und formuliere die Regel.

s/ss	der Mai____	die Rei____e	die Lau____	die Häu____er
p/pp	die Rau____e	die Knei____e		
t/tt	die Mau____	lau____	hei____er	
m/mm	Sau____	Räu____e	Ei____er	

Nach einem Diphthong schreibt man den Konsonanten ______________. 13

2 Zwei Wörter in jeder Zeile werden fast gleich geschrieben.
Achte beim Ausfüllen der Lücken auf den Sinnzusammenhang.

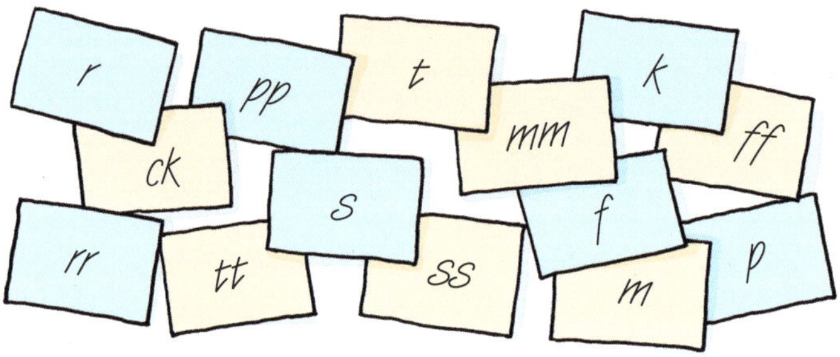

1. Die Ro_s_en blühen. Die Ro____e traben.
2. Sie la____en alles zu. Sie la____en ein Buch.
3. Die Ra____en rennen weg. Sie ra______en es schnell.
4. Vögel pi_____en den Samen. Der Herr ist pie____ fein.

5. Der Ha______en hält nicht. Sie ha_____en den Boden auf.

6. Sie bie_____en Äpfel an. Wir bi_____en Sie darum.

7. Der Arm ist schla_____. Er braucht wenig Schla_____.

8. Diese Hundera______en sind selten. Der Ra____en muss gemäht werden.

9. Die Kerzen auf dem Kuchen werden ausgebla____en. Er bevorzugt die bla_____en Farben.

10. Der Detektiv fand ein paar Kru_____en Erde im Flur. Siehst du den kru______en Baum?

11. Die I____en sind Regen gewohnt. Man kann sich doch mal i_____en!

12. Die Dachspa____en sind morsch. Das Spa______en wird vom Staat gefördert.

13. Mi____en im Zimmer steht ein Tisch. Mie_____en ist auf Dauer teurer.

14. In dem Schloss soll es angeblich spu_____en. Du sollst nicht auf den Boden spu_____en!

15. Das wirst du sicher scha____en. Man sieht eine Herde von Scha____en.

____ | 29

____ 42 – 34 Punkte 22 – 22 Punkte 21 – 0 Punkte ____ Gesamtpunktzahl

end- oder ent-?

Der **Wortbestandteil end-** hat etwas mit „Ende“ zu tun.
Beispiel: Endspurt
Die **Vorsilbe ent-** hat nichts mit „Ende“ zu tun. Manchmal hat sie die Bedeutung von „heraus“.
Beispiel: entnehmen

1 **Ordne die Wörter aus der Liste auf Seite 37 den beiden Zielscheiben zu.**

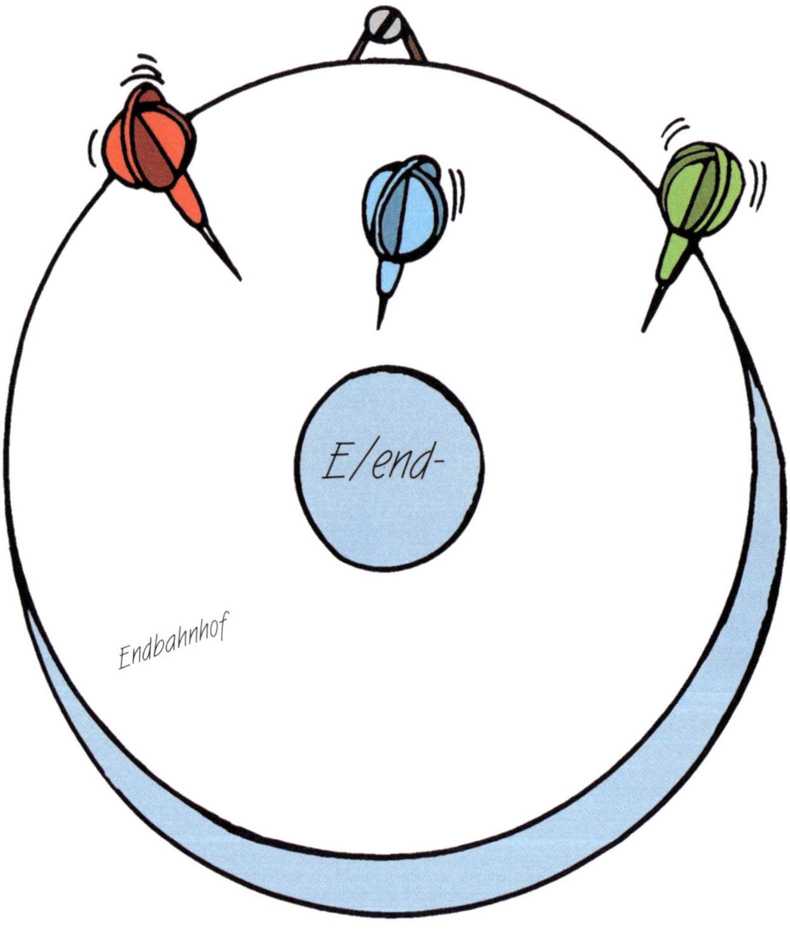

★ **Aufgaben mit höherem Schwierigkeitsgrad**

1 Grammatik

Seite 4 – 5

1 Herr Müller und Herr Schneider hatten ein Seil um einen Baum gelegt und das andere Ende an einen Traktor gebunden. Herr Müller saß auf dem Traktor. Herr Schneider sollte Bescheid sagen, wenn er umfiel.

2 Herr Schneider sollte Bescheid sagen, wenn **der Baum** umfiel.
Felix kam nicht richtig in Fahrt.

3 ★ Jeden Abend ging der Mann mit seinem **Hund** eine Runde durch die Felder spazieren. Meistens war **der Mann** froh, nach den vielen Stunden im Büro etwas frische Luft schnappen zu können. Manchmal nahm **er** einen Stock und warf **ihn** so weit wie möglich weg, sodass **der Hund/er** losrannte, um das Holz in rasendem Tempo zurückzubringen. **Der Hund** stoppte dabei kurz vor dem Stock ab, schnappte **den Stock/ihn** und brachte **ihn** in großen Sätzen wieder zu **dem Mann** zurück. Dieser suchte sich meist eine andere Richtung aus und warf **den Stock** erneut, so weit **er** konnte. **Der Hund** stürzte wieder los und das Spiel begann von neuem. **Er** konnte gar nicht genug bekommen und bellte, wenn **der Mann** eine Pause machte.

Seite 6 – 7

1
1. **Unser Nachbar** hat in seinem weitläufigen Garten gestern Abend einen jungen Igel gefunden.
2. **Gestern Abend** hat unser Nachbar in seinem weitläufigen Garten einen jungen Igel gefunden.
3. **Einen jungen Igel** hat unser Nachbar gestern Abend in seinem weitläufigen Garten gefunden.

2
1. Mit unserem kranken bayerischen Onkel hat gestern Nachmittag unsere ganze Familie nacheinander telefoniert.
2. Die vom Wind zugeschlagene Tür hat er mit dem Dietrich unseres Nachbarn öffnen können.
3. Mit dem Dietrich unseres Nachbarn hat er die vom Wind zugeschlagene Tür öffnen können.
4. Einer Nichte aus Amerika hat die alte Frau gestern das wertvolle alte Buch geschenkt.
5. Das wertvolle alte Buch hat die alte Frau gestern einer Nichte aus Amerika geschenkt.

Seite 8 – 9

1 *Lösungsvorschlag:*
Was ist passiert? Ein Verkehrsunfall
Wann hat sich der Unfall ereignet? Gegen Viertel nach neun
Wo hat sich der Unfall ereignet? Auf der Hauptstraße
Wer ist in den Unfall verwickelt? Eine Autofahrerin und ein älterer Radfahrer
Warum konnte der Unfall geschehen? Wegen der Unaufmerksamkeit der Autofahrerin

2 + 3 *Lösungsvorschlag:*
Gegen Viertel nach neun (adverbiale Bestimmung der Zeit) ereignete sich (Prädikat) auf der Hauptstraße (adverbiale Bestimmung des Ortes) ein Verkehrsunfall. (Subjekt) Wegen der Unaufmerksamkeit der Autofahrerin (adverbiale Bestimmung des Grundes) kollidierte (Prädikat)

<u>ihr Fahrzeug</u> (Subjekt) <u>mit einem älteren Radfahrer.</u> (Dativobjekt) <u>Sie</u> (Subjekt) <u>übersah</u> (Prädikat) <u>den Radfahrer</u> (Akkusativobjekt) <u>wegen ihres klingelnden Handys.</u> (adverbiale Bestimmung des Grundes)

Seite 10–11

1
1. ..., *<u>da</u>* die Freizeit sonst zu kurz kommt. **Begründung**
2. ..., *<u>obwohl</u>* ich meine Hausaufgaben auch manchmal vergesse. **Einräumung**
3. *<u>Wenn</u>* mein Lehrer die Hausaufgaben häufiger kontrolliert, ... **Bedingung**
4. *<u>Damit</u>* alle Schüler ihre Hausaufgaben machen, ... **Zweck**
5. *<u>Nachdem</u>* ich meine Hausaufgaben gemacht habe, ... **Zeitangabe**
6. Meine Mutter hilft mir beim Lernen, *<u>sodass</u>* ich bald besser werde. **Folge**

2
..., <u>dass</u> viele Menschen die Bedeutung von Sport unterschätzen.
<u>Obwohl</u> sie wissen, wie ...
Manche behaupten, keine Zeit dafür zu haben, <u>obwohl</u> ...
<u>Damit</u> junge Leute ausprobieren können, welche ...
Solche „Schnupperangebote“ sind sinnvoll, <u>weil</u> sie ...

<u>Wenn</u> ihnen eine Sportart gefällt, ...

3
1. → ..., weil der Jakob das viel besser kann.
2. → ..., weil sie doch nie Lust auf Volleyball hat.

Seite 12–13

3
1. Weil er krank war, hat er heute in der Schule gefehlt.
   Er hat heute in der Schule gefehlt, weil er krank war.
2. Obwohl es regnete, hat sie eine Stunde lang ohne Anorak mit dem Hund gespielt.
   Sie hat eine Stunde lang ohne Anorak mit dem Hund gespielt, obwohl es regnete.
   Sie hat, obwohl es regnete, eine Stunde lang ohne Anorak mit dem Hund gespielt.
3. Nachdem das Auto in den Fluss gestürzt war, konnten sie sich gerade noch retten.
   Sie konnten sich gerade noch retten, nachdem das Auto in den Fluss gestürzt war.
   Sie konnten sich, nachdem das Auto in den Fluss gestürzt war, gerade noch retten.

Seite 14–15

1
2. vorm, 3. von dem, 4. zum, 5. unter dem, 6. ums, 7. hinter das, 8. beim

2 ★
1. dem, 2. des, 3. dem, 4. des, 5. des, 6. der

3
Lösungsvorschlag:
2. Ich gehe entlang des Ufers spazieren.
3. Ich lege auf den Sessel Kissen.
4. Ich lege gegen das Urteil Berufung ein.
5. Ich bekomme wegen des Diebstahls Ärger.
6. Ich gehe trotz der Kälte ohne Jacke.

Seite 16–17

1
Nach einer ermüdenden Reise kam die Klasse in der Jugendherberge .... Während die Schülerinnen und Schüler mit dem Busfahrer ihre Koffer suchten, erkundigte sich die Klassenlehrerin an der Rezeption nach den Räumen, die der Klasse zugeteilt worden waren, was einige Zeit dauerte. Die Lehrerin ging nach der Erledigung aller Formalitäten wieder nach draußen, da sie nun der Klasse die Zimmer zeigen wollte. Als sie auf den Platz vor der Herberge trat, war jedoch kein einziger Schüler mehr zu sehen. Sie wollte gerade wieder in die

Herberge zurückeilen, als sich der Fahrer des Busses bemerkbar machte, der sie hergebracht hatte.

2
1. Meine große Schwester glaubt ..., während ich mir da nicht so sicher bin.
2. Ich lese auch sehr gerne ..., obwohl ich danach nicht einschlafen kann.
3. Dabei grusele ich mich ..., dass ich eine Gänsehaut bekomme.
4. Abends traue ich mich oft nicht ..., weil es dort überall dunkle Schatten gibt.
5. Dafür muss ich meine Schwester „retten", wenn sie mal wieder ...

3 *Umstellungsvorschläge (die Bestimmung der Satzteile ist immer gleich):*
1. **In der ersten Ferienwoche** (adverb. Best. der Zeit) | **macht** (Prädikat) | **Paul** (Subjekt) | **eine ... Entdeckung.** (Akk.-Objekt)
2. **Ein rosafarbenes Lätzchen** (Akk.-Objekt) | **trägt** (Prädikat) | **Susannes kleine Schwester.** (Subjekt)
3. **Ohne Regenjacke** (adverb. Best. der Art und Weise) | **sollte** (Prädikat 1. Teil) | **heute Abend** (adverb. Best. der Zeit) | **niemand** (Subjekt) | **auf die Straße** (adverb. Best. des Ortes) | **gehen.** (Prädikat 2. Teil)
4. **Die kranke Oma in Bayern** (Akk.-Objekt) | **besuchen** (Prädikat) | **Franzis Eltern** (Subjekt) | **am Wochenende.** (adv. Best. der Zeit)

2 Rechtschreibung

Seite 18 – 19

1 **Reimwörter auf hassen:** passen, lassen, Tassen, Massen, Trassen, Klassen, Gassen, fassen
Reimwörter auf aßen: (in) Maßen, Straßen, spaßen, fraßen, besaßen, vergaßen, saßen, vermaßen
Reimwörter auf lasen: Vasen, Hasen, Blasen (oder Basen), Phrasen, Phasen, Nasen, rasen, grasen

2
1. Nach einem lang gesprochenen Vokal schreibt man den scharfen s-Laut so: *ß*.
2. Nach einem lang gesprochenen Vokal schreibt man den weichen s-Laut so: s.
3. Nach einem kurz gesprochenen Vokal schreibt man den scharfen s-Laut so: ss.

3 *Lösungsvorschlag:*
Reimwörter auf gossen: Genossen, schossen, verdrossen, Flossen, verschlossen
Reimwörter auf stoßen: Soßen, (den) großen (Leuten), bloßen, verstoßen, anstoßen
Reimwörter auf losen: Dosen, Hosen, Rosen, verlosen, tosen

4 ★
1. Lies Seite 34 in diesem Buch! Ableitung: lesen
2. Der erste Preis geht an ... Verlängerung: Preise
3. Gieß doch bitte die Blumen. Ableitung: gießen
4. Du hast eine Laus im Haar. Verlängerung: Läuse
5. Vorsicht! Der Topf ist heiß! Ableitung: heißer
6. Lass dich nicht ärgern! Ableitung: lassen

Seite 20 – 21

1 Rettungswagen, Vogelfänger, Empfang, Findelkind, empfinden, Wechselstrom, Pflasterstein, Mücke, Rennen, Tatze, Puppenbettchen, entsetzlich

2 ★ Haus-ein-gang, imp-fen, Emp-fän-ger, Kis-te, Las-ten-auf-zug, Sup-pe, Wol-le, Lätz-chen, wit-zig

Seite 22 – 23

1 **waagerecht:** Achsen, Boxkampf, Max, Axel, Nixe, Hexen, Axt, extra, Lachs, Luchsauge, Wachs
senkrecht: flexibel, Ölkleckse, Volkszählung, Dachs, Taxi, Mixer, Achsel

2 ★ zerlegst, unterwegs, Mitbringsel, packst, Keks, Glückspilz, Schicksal, Taxi, spickst, Lexikon, zuckst, Bockshorn, Anhängsel, Axel, neckst

3 ★ Rumpelstilzchen

Seite 24 – 25

1 *Lösungsvorschlag:*
Redaktion, Aktion, Monteur, Masseur, Massage, Bandage

2 transportieren, massieren, spionieren, trainieren, reagieren, kopieren, informieren, interessieren

3 innovativ, relativ, alternativ, informativ, aktiv, kreativ

4 ★ 1. Majonäse und Mayonnaise, 2. Thunfisch und Tunfisch, 3. Delphin und Delfin, 4. Jogurt und Joghurt, 5. Grafik und Graphik, 6. circa und zirka

Seite 26 – 27

1 s/ss: der Mais, die Reise, die Laus, die Häuser
p/pp: die Raupe, die Kneipe
t/tt: die Maut, laut, heiter
m/mm: Saum, Räume, Eimer
Nach einem Diphthong schreibt man den Konsonanten <u>einfach</u>.

2 1. Rosen – Rosse, 2. lassen – lasen, 3. Ratten – raten, 4. picken – piekfein, 5. Haken – hacken, 6. bieten – bitten, 7. schlaff – Schlaf, 8. Hunderassen – Rasen, 9. ausgeblasen – blassen, 10. Krumen – krummen, 11. Iren – irren, 12. Dachsparren – Sparen, 13. Mitten – Mieten, 14. spuken – spucken, 15. schaffen – Schafen

Seite 28 / 37

1 **Wörter mit E/end-:** Endabnehmer, Endkampf, Endstation, Endspiel, endlich, endigen, Endung, endgültig, beenden, endlos, Endsilbe, verenden
Wörter mit E/ent-: Entfernung, enttäuschend, entdecken, entfalten, entgleisen, Entsafter, Entwicklung, entwerfen, enttarnen, entschlüpfen, entschlüsseln, entstellen, Entwurf, entscheiden

Seite 38 – 39

1 **noch einmal:** wiederholen
gegeneinander: widersprechen

2 **noch einmal:** Wiederbelebung, wiederkäuen, wiedererlangen, wiederverwerten, Wiederwahl
gegeneinander: widerwillig, widerborstig, Zuwiderhandlung, widerlegen, Widerwort

3 ★ 1. Widerruf, 2. Widersacher, 3. Wiedergabe, 4. Wiederkehr, 5. widersinnig, 6. Wiedersehen, 7. widersprichst

Seite 40 – 41

1 die Beliebtheit, die Verletzung, die Einsamkeit, die Erzählung, die Verlegenheit, die Verkleidung, die Ängstlichkeit, die Erholung, die Verrücktheit, die Entdeckung, die Abhängigkeit, die Verwandlung, die Tapferkeit, die Verhaftung, die Schön heit, das Erlebnis, die Dummheit, die Reinigung, die Ratlosigkeit, die Sendung, die Aufmerksamkeit, die Färbung, die Faulheit, die Bezahlung, die Schüchternheit, das Verständnis, die Munterkeit

❷ Es ist erstaunlich, was man nicht alles sammeln kann. Peters Sammlung enthält so seltsame Dinge wie militärische Orden für Tapferkeit, polizeiliche Hilfsmittel zur Verhaftung von Verbrechern und Bücher zur Ausbildung von Detektiven. Man glaubt gar nicht, wie teuer das Sammeln solcher Dinge werden kann.

Seite 42 – 43

❶
1. Peter nimmt seine Luftmatratze mit zum ~~schwimmen~~ Schwimmen.
2. Das ~~lernen~~ Lernen mit Karteikarten ist empfehlenswert.
3. Frederik übt rechnen. Er will das lernen.
4. Monikas Eltern gehen essen.
5. Die Katze hat die Maus zum ~~fressen~~ Fressen gern.
6. Das ~~laufen~~ Laufen bereitet dem Baby noch Schwierigkeiten.

❷ *Lösungsvorschlag:*
1. Etwas Unglaubliches wurde gesehen.
2. Ein Sieg ist nichts Besonderes.
3. Pudding ist das Beste überhaupt.
4. Das Tollste vom Tollen ist ....

❸ Weltmeister im Pfuschen, Nichts Schlimmeres als Langeweile, Beim Skaten verletzt, Ein Auto zum Verlieben, Viel Schlaues für die Kids, Ideal zum Braten in der Pfanne, Schüler zum Dealen verleitet, Viele hassen das Schwimmen im Klassenverband, Schüler haben kaum etwas zum Essen dabei, Im Schwimmen eine Eins, Alles Wichtige für Klassenarbeiten, Krampf beim Schreiben – schulfrei, Beim Tanzen Skaterhose verloren, Etwas Verrücktes zum Schluss

❹ im = in dem, beim = bei dem, zum = zu dem

Seite 44 – 45

❶ + ❷
1. Die Frau, **die** ...
2. ... in das Land, in **dem** ...
3. ... in das Schwimmbad, **das** ...
4. Der Sport, **der** ...
5. ... einen Papagei, **der** ...
6. Die Homepage, von **der** ...
7. ... Filme gezeigt, **die** ...

❸ 1. das, 2. der, 3. dem, 4. der, 5. die, 6. den, 7. den

Seite 46 – 47

❶ Doch sie hatte geglaubt, **dass** ihr Geldkoffer zu Hause sicher sein würde.
Nun musste sie erkennen, **dass** sie von einem Wagen verfolgt wurde.
Dass sie aus der Sache heil wieder herauskommen würde, bezweifelte man ernsthaft.
Sie musste damit rechnen, **dass** der Verfolger sie zu Hause überfallen würde.
Daher entschied sie, **dass** sie nicht länger im Kreis fahren konnte.

❷ ★ *Lösungsvorschlag:*
vorschlagen, meinen, befürchten, finden, bemerken, beobachten, herausfinden, überzeugen, erkennen, wetten, vermuten, wissen, fühlen

❸ *Lösungsvorschlag:*
Doch ich glaube, dass ich den Wecker schon hören werde. Sie wird erkennen, dass ich zuverlässig bin. Dass ich sie enttäuschen werde, bezweifle ich. Ich rechne damit, dass das Frühstück pünktlich auf dem Tisch steht. Andernfalls entscheide ich, dass ich übermorgen verschlafen werde.

Seite 48 – 49

1 Geografie, Biografie, Monografie, fotogen, Fotograf, Fantasie, Mikrofon, Mohär, Kupon, Klub

2 Richtig essen macht Diabetikern das Leben leichter. Das haben auch die Autoren und Autorinnen einiger Bücher erkannt. Viele Rezepte für süßes und salziges Gebäck, von den Autoren und Autorinnen selbst ausprobiert, gewogen und nach Nährwerten berechnet, ermöglichen abwechslungsreichen Genuss für die Betroffenen und die Tischgesellschaft. Das Ausprobieren und Kosten der leckeren Speisen fiel den Testpersonen überhaupt nicht schwer. Zu ihrer großen Überraschung und Freude machte ihnen das Kochen sogar großen Spaß. Sie können sich nach einem genauen Diätplan ernähren, ohne den alten Gewohnheiten und Gerichten nachzutrauern. Alle diese Bücher gibt es beim Buchhändler. Es kann sein, dass er den einen oder anderen Titel nicht vorrätig hat. Er wird das gewünschte Buch jedoch gerne bestellen.

3 Dass die Kleinen ...
Dass auch vier bekannte Kinderlieder ...
ein Lernprogramm, das mit Pädagogen ...
von Bildern, das mithilfe ... sorgen dafür, dass die Herausforderungen ...

4 ★ Endlich sehen wir uns einmal wieder! Es ist so lange her, dass wir das letzte Mal zusammen auf dieser Bank am Rhein saßen. Jetzt wohnen wir so weit voneinander entfernt, dass wir uns beim nächsten Treffen auf halber Strecke entgegenkommen sollten. Jedenfalls müssen wir dieses schönes Beisammensein unbedingt wiederholen!

3 Aufsätze schreiben

Seite 50 – 51

1 Nacherzählung: 2, 4, 7, 8, 13, 15, 17, 18, 21, 22
Inhaltsangabe: 3, 5, 6, 15, 16, 19, 21, 22, 24
Bericht: 1, 3, 5, 10, 12, 15, 17, 19, 21, 22
Beschreibung: 1, 3, 5, 7, 9, 11, 12, 14, 16, 20, 21, 23

3 **Inhaltsangabe**
knapp, nüchtern, sachlich, Präsens, genau, Information, wesentliche Zusammenhänge, keine wörtliche Rede
Nacherzählung
Unterhaltung, anschaulich, bildhaft, ausschmückende Einzelheiten, wörtliche Rede, ausführlich, lebendig, Tempora der Vergangenheit

Seite 52 – 53

1 *Lösungsbeispiel:*
Hodscha, schlich, fremden Garten, Baum, Früchte, Besitzer, herauszureden, Nachtigall, amüsierte, Lied, komische Gesichtsausdrücke, merkwürdige Töne, Lachen, nie zuvor, Nachtigall, unerfahrene Nachtigall

3 *Lösungsbeispiel:*
In dem Text mit dem Titel „Eine unerfahrene Nachtigall“ erzählt ein unbekannter Verfasser, wie Nasreddin Hodscha in einem fremden Garten beim Stehlen von Früchten erwischt wird.

4 *Lösungsbeispiel:*
Hodscha schleicht sich in den Garten, klettert auf einen Baum und isst so lange von den Früchten, bis der Gartenbesitzer erscheint. Erbost stellt er Hodscha zur Rede. Hodscha gibt sich als Nachtigall aus, woraufhin der Gartenbesitzer auf das Spiel eingeht und die „Nachtigall“

auffordert, ein Lied zu singen. Hodscha singt so merkwürdig, dass der Gartenbesitzer in Lachen ausbricht.

5 *Lösungsbeispiel:*
Hodscha erklärt dann, er sei eine unerfahrene Nachtigall.

Seite 54 – 55

1 ★ nüchtern, sachlich, Präteritum (Imperfekt), wichtige Fakten am Anfang, informierend, in der Reihenfolge der Ereignisse

2 1. Wer? 2. Was? 3. Wann? 4. Wo?
5. Warum? 6. Wie?

3 In der Sporthalle des Heinrich-Böll-Gymnasiums in ~~dem wunderschönen~~ Erlangen ereignete sich am Dienstag, dem 14. August 2012 ein ~~furchtbarer~~ Sportunfall, ~~wie er im Buche steht.~~ ~~Die süße~~ Jenny Müller aus der 6b knickte ~~zum Entsetzen ihrer Mitschüler~~ beim Basketballspiel mit dem rechten Fuß um. Sie wollte gerade einen Korb werfen, als sie von Dennis Liefert gefoult wurde, der von der Seite kam und ihr den Weg abschneiden wollte. Jenny schrie ~~schmerzerfüllt~~ auf und fiel zu Boden. ~~Arme Jenny!~~ Nachdem die Sportlehrerin den Fuß gekühlt hatte, kam auch schon der Krankenwagen. ~~Die weinende~~ Jenny wurde mit Verdacht auf einen Bänderriss in das nächste Krankenhaus gefahren. ~~Selbst Dennis hatte Mitleid mit ihr.~~ Sie wird wohl die nächsten Tage nicht zur Schule kommen können. ~~Noch schlimmer:~~ Sie darf einige Wochen keinen Sport machen. ~~Dabei ist Jenny der Star in unserer Basketballmannschaft!~~

Seite 56 – 57

1 *Lösungsbeispiel:*
Kopf: grün, gefiedert, vogelartig; **Rücken:** gebeugt, grau, Zacken; **Bauch:** dick, weich, Zitzen; **Beine:** kräftig, kurz, Fell; **Schwanz:** biegsam, gelb/ockerfarben, angelegt

2 Das Fantasietier wirkt freundlich und aufmerksam. Es hat einen grünen vogelartigen Kopf, der gefiedert ist. Der gebeugte Rücken trägt grüne Zacken. Das Grau des Rückens geht zum Bauch hin in Rosa über. Der dicke Bauch wirkt weich und trägt sechs Zitzen. Das Tier steht auf kräftigen Hinterbeinen, die an die Sprungbeine eines Kängurus erinnern. Die Vorderbeine sind kurz und dünn und wie die Hinterbeine mit Fell bedeckt. Der biegsame ockerfarbene Schwanz endet in einem braunen Fellbüschel und ist angelegt.

4 Texte überarbeiten

Seite 58 – 59

1 **Unvollständige Sätze:** Besonders seit es kommerzielle Sender gibt.
Wie z. B. Actionfilme oder Krimiserien.
Z. B. was treibt einen Menschen zum Mord?
Und dass möglichst den ganzen Tag über hohe Quoten erzielt werden.
Oder verschiedene Radfahrer bei einem Radrennen.

2 ★ Die Fernsehsender haben ihre Programme in den letzten Jahrzehnten immer mehr ausgeweitet, und zwar besonders seit es kommerzielle Sender gibt. Viele Sendungen, wie z. B. Actionfilme oder Krimiserien, bieten Spannung und sollen damit Zuschauer anlocken.

Und die Sender bemühen sich, dass möglichst den ganzen Tag über hohe Quoten erzielt werden.
So kann man ein Fußballspiel oder verschiedene Radfahrer bei einem Radrennen jetzt schon aus verschiedenen Perspektiven sehen.

Seite 60 – 61

1

1. Mannschaft der 7b siegte 3 : 2 über 7c
2. Obwohl wir kein Fußballwetter ...
3. Die anderen in der Klasse ...
4. Zunächst spielte die 7a gegen die 7c ...
5. Zum Schluss musste die 7b ...
6. Das letzte Spiel brachte ...
7. Zuerst erzielten beide Klassen ...
8. Weil die 7b gute Stürmer hatte ...
9. Aber in der 26. Minute glich ...
10. In der 34. Minute machte ...
11. Inzwischen steht der Siegerpokal ...

2 *Lösungsbeispiel:*
Wörter für den Anfang: zuerst, vorher, als Erstes, zuvor, anfangs, zu Beginn, zuallererst, am Anfang, bevor
Wörter für die Mitte: bald, anschließend, dann, danach, währenddessen, während, wenig später, gleich darauf, nachdem, daraufhin
Wörter für das Ende: zum Schluss, abschließend, schließlich, zuletzt, hinterher, letztlich, letzten Endes, im Nachhinein, rückblickend, am Ende

Seite 62 – 63

1 *Lösungsbeispiel:*
Bei unserer Befragung ..., aber die Sache ...
Während der erste Lehrer..., wurden wir danach mehrmals abgewiesen.
Somit/Folglich/Infolgedessen/Deshalb/Darum können wir insgesamt ...
Die Klasse 5c ..., denn keiner ...
Dagegen/Hingegen gab es in den Klassen 8a und 9c..., obwohl die meisten auch hier zufrieden waren. In den Klassen der Mittelstufe ..., und zwar ... diejenigen, in ...
Allerdings wurde in einer Klasse ..., obwohl es von einem unbeliebten Lehrer unterrichtet wird.
Das zeigt, dass der Lehrer ..., manche Fächer aber/jedoch auch trotz ...

2 ★ *Lösungsbeispiel:*
als, nachdem, bevor, weil, da, außerdem, dann, damals, daraufhin, sondern, doch

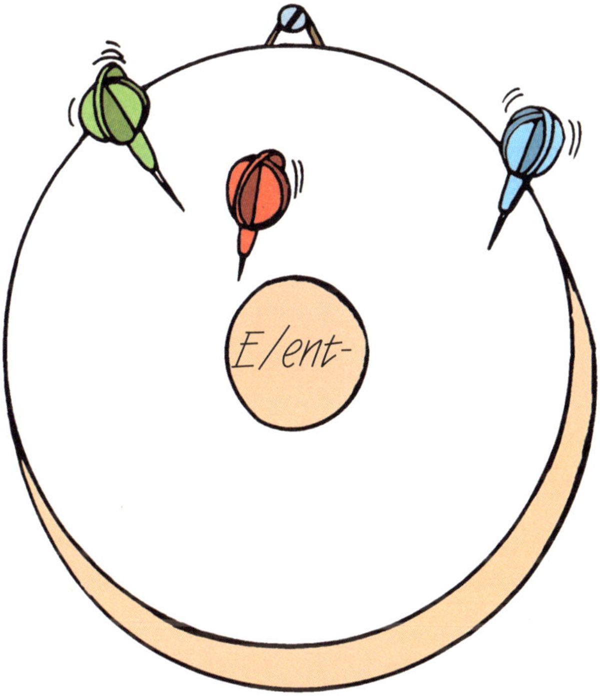

En?fernung	en?täuschend	En?bahnhof
en?decken	En?abnehmer	en?falten
en?gleisen	En?safter	En?wicklung
En?kampf	En?station	en?werfen
En?spiel	en?tarnen	en?schlüpfen
en?lich	en?igen	en?schlüsseln
en?stellen	En?wurf	En?ung
en?gültig	been?en	en?los
En?silbe	veren?en	en?scheiden

26

26 – 22 Punkte

21 – 14 Punkte

13 – 0 Punkte

Gesamtpunktzahl

wider- oder wieder-?

1 **Überlege, welches der Symbole zu den Wörtern „wiederholen“ und „widersprechen“ passt. Trage beide Wörter in die vorgesehenen Zeilen ein.**

noch einmal

gegeneinander

____________________ ____________________ 2

2 **Ordne die folgenden Wörter in die Tabelle ein. Ergänze jeweils i oder ie.**

w?derwillig
w?derkäuen
w?derlegen
W?derwahl
w?derborstig
w?dererlangen
W?derwort
W?derbelebung
Zuw?derhandlung
w?derverwerten

noch einmal	gegeneinander

10

★ **3** **Male die Symbole neben die folgenden Sätze und ergänze i oder ie.**

1. Zu einem W____derruf war der Angeklagte nicht bereit.
2. Karl der Große hatte seine W___dersacher meist unter Kontrolle.
3. Bei diesem Fernseher ist die W___dergabe des Bildes sehr gut.
4. Bald wird die zweihundertste W___derkehr der Staatsgründung gefeiert.
5. Sein Vater erklärte, das Verhalten sei völlig w___dersinnig.
6. Auf ein baldiges W___dersehen!
7. Ich möchte nicht, dass du mir ständig w____dersprichst!

___ /7

19 – 15 Punkte | 14 – 10 Punkte | 9 – 0 Punkte | Gesamt-punktzahl

Groß- und Kleinschreibung (1)

Nomen werden großgeschrieben.
Man erkennt sie an
→ einem Artikel,
Beispiel: *der* See, *ein* See
→ Endungen wie -heit, -keit, -ung, -schaft, -nis.
Beispiele: Anlei*tung*, Verwandt*schaft*

1 Bilde aus den folgenden Wörtern Nomen.
Schreibe jeweils den passenden Artikel davor.

vergiften	*die Vergiftung*	beliebt	______
verletzen	______	einsam	______
erzählen	______	verlegen	______
verkleiden	______	ängstlich	______
erholen	______	verrückt	______
entdecken	______	abhängig	______
verwandeln	______	tapfer	______
verhaften	______	schön	______
erleben	______	dumm	______
reinigen	______	ratlos	______
senden	______	aufmerksam	______
färben	______	faul	______
bezahlen	______	schüchtern	______
verstehen	______	munter	______

__ 27

2 **Schreibe den folgenden Text in der richtigen Schreibung in dein Übungsheft. Frage dich bei jedem Wort, ob es groß- oder kleingeschrieben wird.**

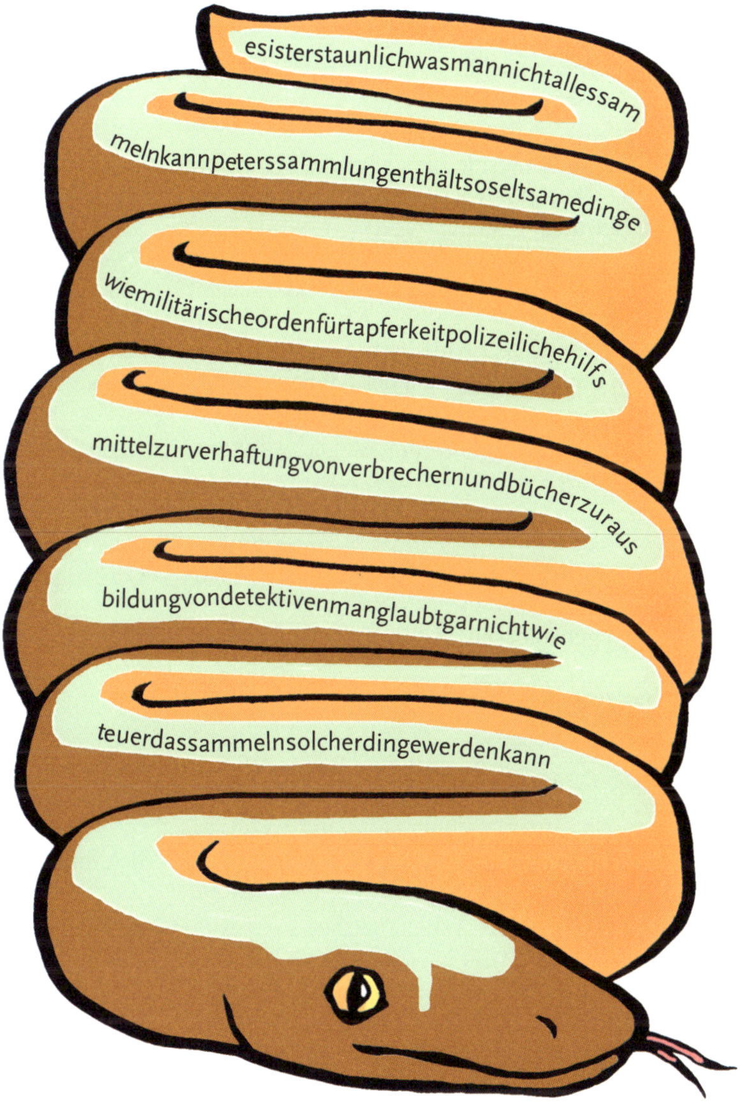

Pro richtig geschriebenem Wort 1 Punkt ___ /44

71 – 60 Punkte | 59 – 37 Punkte | 36 – 0 Punkte | Gesamtpunktzahl

Groß- und Kleinschreibung (2)

Verben und Adjektive können als Nomen verwendet werden. Man spricht dann von **Nominalisierungen**. Nominalisierte Verben und Adjektive werden großgeschrieben.
Beispiele: das Spielen, die Schöne
Der Artikel als Nomenbegleiter kann mit einer Präposition verschmelzen.
Beispiel: beim Küssen

Ein weiteres **Nomensignal** sind unbestimmte Mengenangaben wie z. B. nichts, alles, viel, etwas, wenig.
Beispiele: nichts Gutes, etwas Verrücktes

1 Groß oder klein? Entscheide, ob die Verben nominalisiert wurden. Wenn ja, streiche sie durch und schreibe sie in der richtigen Schreibweise daneben.

1. Peter nimmt seine Luftmatratze mit zum schwimmen ____________.
2. Das lernen ____________ mit Karteikarten ist empfehlenswert.
3. Frederik übt rechnen ____________. Er will das lernen ____________.
4. Monikas Eltern gehen essen ____________ .
5. Die Katze hat die Maus zum fressen ____________ gern.
6. Das laufen ____________ bereitet dem Baby noch Schwierigkeiten. 7

2 Formuliere Sätze, in denen die Adjektive großgeschrieben werden müssen.

1. unglaublich: ________________________
2. besonderes: ________________________
3. beste: ________________________
4. toll: ________________________ 4

3 **Schreibe die Überschriften auf ein gesondertes Blatt. Achte dabei auf die Groß- und Kleinschreibung.**

WELTMEISTER IM PFUSCHEN

NICHTS SCHLIMMERES ALS LANGEWEILE

BEIM SKATEN VERLETZT

EIN AUTO ZUM VERLIEBEN

VIEL SCHLAUES FÜR DIE KIDS

IDEAL ZUM BRATEN IN DER PFANNE

SCHÜLER ZUM DEALEN VERLEITET

VIELE HASSEN DAS SCHWIMMEN IM KLASSENVERBAND

SCHÜLER HABEN KAUM ETWAS ZUM ESSEN DABEI

IM SCHWIMMEN EINE EINS

ALLES WICHTIGE FÜR KLASSENARBEITEN

KRAMPF BEIM SCHREIBEN – SCHULFREI

BEIM TANZEN SKATERHOSE VERLOREN

ETWAS VERRÜCKTES ZUM SCHLUSS

Pro richtig geschriebener Nominalisierung 1 Punkt ☐ 14

4 **Löse Verschmelzungen zwischen Präposition und Artikel auf (vgl. Seite 14).**

__________ __________ __________ ☐ 3

☐ 28 – 22 Punkte | 21 – 15 Punkte | 14 – 0 Punkte | ☐ Gesamtpunktzahl

Relativpronomen

Relativpronomen leiten Nebensätze ein, die ergänzende Informationen zu einem Nomen geben. Diese Sätze nennt man **Relativsätze**. Die Relativpronomen beziehen sich auf ein Nomen aus dem Hauptsatz.
Beispiel: *Das Auto*, *das* gerade links abgebogen ist, gehört meiner Mutter.

Relativpronomen können auch in Verbindung mit Präpositionen auftreten.
Beispiel: Der *Mann*, *bei dem* ich wohne, ist mein Großvater.

1 In den folgenden Sätzen gibt es je ein Relativpronomen. Kreise es ein.

1. Die Frau, die neugierig aus dem Fenster blickt, ist unsere Nachbarin.
2. Am Wochenende fahren wir in das Land, in dem ich geboren wurde.
3. Paula möchte unbedingt nächste Woche in das Schwimmbad, das in der Nachbarstadt gebaut worden ist.
4. Der Sport, der mir am meisten Spaß macht, ist Handball.
5. Ich wünsche mir einen Papagei, der mich morgens mit „Heute ist ein schöner Tag" weckt.
6. Die Homepage, von der ich dir erzählt habe, musst du dir unbedingt einmal ansehen.
7. Wann werden in unserem Kino endlich einmal Filme gezeigt, die mich interessieren?

| | 7 |

2 Finde nun die Nomen, auf die sich die Relativpronomen jeweils beziehen. Unterstreiche sie.

| | 7 |

3 Ergänze das Relativpronomen.

1. Das rote Kleid, ________ ich zum Geburtstag bekommen habe, trage ich am liebsten.
2. In einer Stadt, in ________ es keine Parks gibt, fühle ich mich nicht wohl.
3. Ich steige auf einen Turm, von ________ aus ich die ganze Stadt überblicken kann.
4. Der kleine Junge, ________ mich geärgert hat, wohnt jetzt nebenan.
5. Es gibt bestimmt keine Eissorte, ________ ich nicht mag.
6. Meine Mutter vermisst den Autoschlüssel, ________ sie braucht, um mich zum Training fahren zu können.
7. Hast du irgendwo den Wasserball liegen gesehen, ________ ich mit zum See nehmen will.

| | 7 |

4 Formuliere fünf Sätze mit Relativpronomen.

1. ____________________
2. ____________________
3. ____________________
4. ____________________
5. ____________________

| | 5 |

| 26–21 Punkte | 20–14 Punkte | 13–0 Punkte | Gesamtpunktzahl |

Die Konjunktion dass

Die **Konjunktion *dass*** leitet einen Nebensatz ein. Im Nebensatz wird genau gesagt, was jemand fühlt, weiß, sagt etc.
Beispiel: Das ganze Dorf weiß, dass er ein Lügner ist.

1 Auf welches Verb bezieht sich die Konjunktion *dass* jeweils? Unterstreiche das Prädikat, umkreise die Konjunktion und zeichne eine Verbindungslinie.

1. Frau Schneiders Berater hatten befürchtet, dass es gefährlich werden würde.

2. Doch sie hatte geglaubt, dass ihr Geldkoffer zu Hause sicher sein würde.
3. Nun musste sie erkennen, dass sie von einem Wagen verfolgt wurde.
4. Dass sie aus der Sache heil wieder herauskommen würde, bezweifelte man ernsthaft.
5. Sie musste damit rechnen, dass der Verfolger sie zu Hause überfallen würde.
6. Daher entschied sie, dass sie nicht länger im Kreis fahren konnte.

10

Die Konjunktion *dass* brauchst du zum Beispiel, um zu sagen, was jemand denkt, glaubt oder sagt.
Beispiel: Ich glaube nicht, dass es morgen hitzefrei gibt.

★ **2 Welche Verben verwendest du außerdem häufig mit *dass*? Sammle sie.**

behaupten ______ ______

______ ______ ______

______ ______ ______

______ ______ ______

Pro gefundenem Wort 1 Punkt ☐ 11

3 Bilde Sätze mit *dass* und den Verben aus Übung 1.

befürchten *glauben* *erkennen* *bezweifeln* *damit rechnen* *entscheiden*

Mama befürchtet, dass ich verschlafe.

______

______

______

______

______

______

______

Pro Satz 2 Punkte ☐ 10

☐ 31 – 24 Punkte 23 – 17 Punkte 16 – 0 Punkte ☐ Gesamtpunktzahl

Vermischte Übungen

1 Wie kann man die folgenden Wörter noch schreiben?

Geographie	______	Biographie	______
Monographie	______	photogen	______
Photograph	______	Phantasie	______
Mikrophon	______	Mohair	______
Coupon	______	Club	______

10

2 In diesem Text müssen manche Wörter großgeschrieben werden. Unterstreiche sie und schreibe den Text richtig in dein Übungsheft.

richtig essen macht diabetikern das leben leichter. das haben auch die autoren und autorinnen einiger bücher erkannt. viele rezepte für süßes und salziges gebäck, von den autoren und autorinnen selbst ausprobiert, gewogen und nach nährwerten berechnet, ermöglichen abwechslungsreichen genuss für die betroffenen und die tischgesellschaft. das ausprobieren und kosten der leckeren speisen fiel den testpersonen überhaupt nicht schwer. zu ihrer großen überraschung und freude machte ihnen das kochen sogar großen spaß. sie können sich nach einem genauen diätplan ernähren, ohne den alten gewohnheiten und gerichten nachzutrauern. alle diese bücher gibt es beim buchhändler. es kann sein, dass er den einen oder anderen titel nicht vorrätig hat. er wird das gewünschte buch jedoch gerne bestellen.

37

3 Fülle die Lücken im Text mit *dass* oder *das*.

Aus der Zeitung

____________ die Kleinen schon mit sechs Monaten die Namen der Eltern, Großeltern und Geschwister angeben, dafür können Eltern jetzt sorgen. Die Firma G. bietet dazu einen 45 Euro teuren sprechenden Laptop für die Kleinsten an. ____________ auch vier bekannte Kinder-lieder einprogrammiert sind, freut die Jüngsten wohl ganz besonders. Die Firma vertreibt außerdem ein Lernprogramm, ____________ mit Pädagogen und Schulkindern entwickelt wurde und auch die Feinmotorik trainiert. Das Drehen und Schieben von Bildern, ____________ mithilfe der Laptop-Tasten möglich ist, fasziniert bereits Einjährige. Weitere Angebote sorgen dafür, ____________ die Herausforderungen je nach Lebensalter gesteigert werden können.

☐ 5

★ **4 In den folgenden Text haben sich 17 Fehler eingeschlichen. Unterstreiche sie und schreibe die Wörter korrigiert in dein Übungsheft.**

Entlich sehen wir uns einmal wider! Es isst so lange her, das wir das letzte Mall zusamen auf dieser Bank am Rhein sassen. Jetzt wohnen wir so weit voneinander endfernt, das wir uns beim näxten Trefen auf halber Strecke endgegenkomen sollten. Jedenfals müsen wir dieses schöne beisammensein unbedingt widerholen!

☐ 17

☐ 69 – 58 Punkte | 57 – 35 Punkte | 34 – 0 Punkte | ☐ Gesamtpunktzahl

Aufsätze schlau planen

Es gibt verschiedene **Aufsatztypen**, die sich voneinander unterscheiden. Dazu gehören die Nacherzählung, die Inhaltsangabe, der Bericht und die Beschreibung.

1 Überlege, welche Tasten auf der Tastatur du drücken musst, um
→ eine Nacherzählung,
→ eine Inhaltsangabe,
→ einen Bericht,
→ eine Beschreibung
zu erhalten. Trage die jeweiligen Ziffern hier ein.

Nacherzählung: ______________________

Inhaltsangabe: ______________________

Bericht: ______________________

Beschreibung: ______________________ 41

2 Prüfe mithilfe des Lösungsteils, ob deine Entscheidungen richtig waren. Streiche falsche Ziffern in deiner Liste durch und ergänze fehlende.

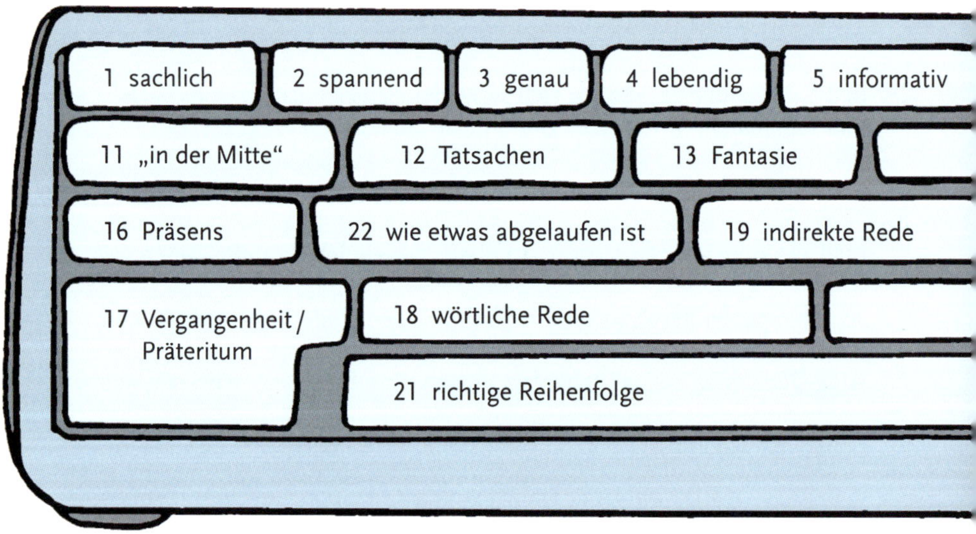

3 **Überlege, ob die folgenden Merkmale eher zu einer Inhaltsangabe oder zu einer Nacherzählung passen. Sortiere die Begriffe in die Tabelle ein.**

knapp, nüchtern, sachlich · *Unterhaltung* · *anschaulich, bildhaft*

ausschmückende Einzelheiten · *Präsens* · *wörtliche Rede* · *genau*

ausführlich, lebendig · *Information* · *wesentliche Zusammenhänge*

Tempora der Vergangenheit · *keine wörtliche Rede*

Inhaltsangabe	Nacherzählung

/12

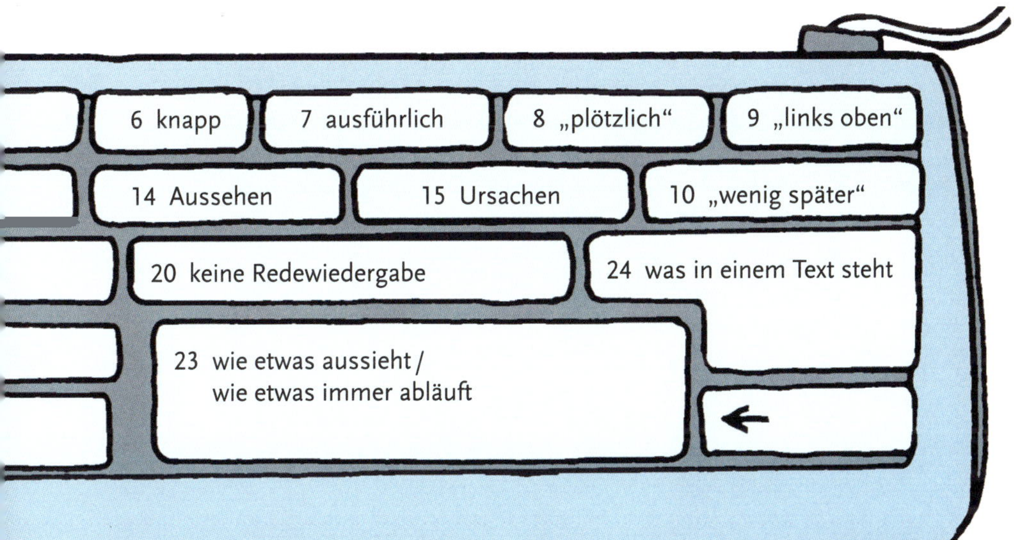

53 – 44 Punkte · 43 – 27 Punkte · 26 – 0 Punkte · Gesamtpunktzahl

Einen Inhalt zusammenfassen

Damit du den **Inhalt** eines Textes **zusammenfassen** kannst, musst du den gesamten Text zunächst sehr gut verstehen. Du solltest ihn dafür mindestens zweimal aufmerksam durchlesen.
Leg den Text dann beiseite und überlege, wie du ihn kurz für einen Freund zusammenfassen kannst, der den Text nicht gelesen hat. Vielleicht hilft es dir, wenn du dir Stichworte notierst.

1 Der folgende Text eines unbekannten Verfassers erzählt von der orientalischen Figur des Nasreddin Hodscha.

a) Lies genau.

b) Unterstreiche wichtige Wörter.

Eine unerfahrene Nachtigall

Eines Tages wollte der Hodscha frische Früchte essen, darum schlich er in einen fremden Garten. Dort kletterte er auf einen Baum und aß all die Früchte, die in seiner Reichweite waren. Etwas später kam der Besitzer des Gartens und fragte ihn böse: „Was machst du da oben?“
Der Hodscha versuchte sich herauszureden und antwortete süß: „Oh, mein Herr, ich bin nur eine Nachtigall und sitze hier oben und singe!“
Der Mann amüsierte sich darüber und sagte lachend: „Soso, du bist also eine Nachtigall? Dann lass mich mal ein Lied von dir hören!“
Der Hodscha machte komische Gesichtsausdrücke und gab merkwürdige Töne von sich.
Der Besitzer brach in Lachen aus und sagte: „Mann, was für 'ne Art von Singen ist das? Ich habe noch nie zuvor eine Nachtigall so singen hören!“
Der Hodscha erwiderte: „Ja, eine unerfahrene Nachtigall singt nun mal so!“ 16

2 Notiere in Stichworten, welche Informationen dir wichtig erscheinen.

Im **Einleitungssatz** gibst du den Titel des Textes sowie den Namen des Autors an und nennst das Thema des Textes. Schreibe im Präsens.

3 Formuliere einen Einleitungssatz zu der Geschichte.

In dem Text mit dem Titel ____________________

erzählt ____________________ , wie ____________________

____

beim Stehlen von Früchten erwischt wird. 3

In einer Inhaltsangabe verwendet man keine **wörtliche Rede**. Du kannst sie aber in **indirekte Rede** umformulieren. Verwende den Konjunktiv.
Beispiel: Er fragte ihn böse: „Was machst du da oben?“ = direkte Rede
Er fragt ihn böse, was er da oben mache. = indirekte Rede

4 Formuliere den Hauptteil deiner Inhaltsangabe.

Hodscha schleicht sich ____________________

____

____

____

____

____

9

5 Formuliere einen Schlusssatz.

Hodscha ____________________

____________________ 1

29 – 23 Punkte | 22 – 15 Punkte | 14 – 0 Punkte | Gesamtpunktzahl

Einen Bericht schreiben

Es gibt verschiedene Situationen, in denen man **Berichte** schreibt. Du kennst vielleicht Unfallberichte, Praktikumsberichte und Polizeiberichte.

★ **1** **Wie wird ein Bericht geschrieben? Trage dazu die richtigen Merkmale in den Stern ein.**

gefühlsmäßig und bildreich *nüchtern* *erlebnisreich* *sachlich*

Perfekt, Präteritum (Imperfekt) usw. *Präteritum (Imperfekt)*

informierend *zum Teil offener Anfang (Hineinspringen mitten ins Geschehen)*

wichtige Fakten am Anfang *in der Reihenfolge der Ereignisse*

Rückblenden und Vorausdeutungen möglich *unterhaltend*

6

Berichte geben in der Regel Antworten auf eine Reihe von **W-Fragen**.
→ Du beantwortest zuerst die wichtigsten Fragen (*Wo?*, *Wann?*, *Wer?*, *Was?*).
→ Dann gibst du etwas ausführlicher auf die Fragen *Wie?* und *Warum?* Antwort.
→ Zum Schluss gibst du Auskunft über die Folgen des Geschehens (*Mit welchen Folgen?*).

2 Suche zu den folgenden Fragen die passenden W-Fragewörter.

1. Um welche Personen geht es? ______
2. Ist etwas passiert? ______
3. Zu welchem Zeitpunkt ist etwas passiert? ______
4. An welchem Ort ist etwas passiert? ______
5. Und aus welchem Grund? ______
6. Auf welche Art und Weise passierte etwas? ______ [ ] 6

3 Der folgende Text soll ein Unfallbericht werden. Welche Wörter/Wortgruppen würdest du als Lehrer durchstreichen?
Tipp: Sieh dir noch einmal den Merkmalstern an.

In der Sporthalle des Heinrich-Böll-Gymnasiums in dem wunderschönen Erlangen ereignete sich am Dienstag, dem 14. August 2012 ein furchtbarer Sportunfall, wie er im Buche steht. Die süße Jenny Müller aus der 6b knickte zum Entsetzen ihrer Mitschüler beim Basketballspiel mit dem rechten Fuß um. Sie wollte gerade einen Korb werfen, als sie von Dennis Liefert gefoult wurde, der von der Seite kam und ihr den Weg abschneiden wollte. Jenny schrie schmerzerfüllt auf und fiel zu Boden. Arme Jenny! Nachdem die Sportlehrerin den Fuß gekühlt hatte, kam auch schon der Krankenwagen. Die weinende Jenny wurde mit Verdacht auf einen Bänderriss in das nächste Krankenhaus gefahren. Selbst Dennis hatte Mitleid mit ihr. Sie wird wohl die nächsten Tage nicht zur Schule kommen können. Noch schlimmer: Sie darf einige Wochen keinen Sport machen. Dabei ist Jenny der Star in unserer Basketballmannschaft! [ ] 11

[ ] 23 – 18 Punkte | 17 – 13 Punkte | 12 – 0 Punkte | [ ] Gesamtpunktzahl

Einen Gegenstand beschreiben

Um etwas gut beschreiben zu können, musst du dir die Zeichnung, die Figur oder das Foto zunächst gut ansehen. Stell dir dabei die folgenden Fragen:
→ Wie ist der **Gesamteindruck**?
→ Wie könntest du die einzelnen **Teile** von oben nach unten beschreiben?
→ Gibt es wichtige **Details**?

1 **Sieh dir das Fanatasietier an und sammle Adjektive und andere beschreibende Wörter, mit denen du die Gestalt genau beschreiben kannst. Trage sie in die Tabelle auf Seite 57 ein.**

Beschreibende Wörter für ...

Kopf	Rücken	Bauch	Beine	Schwanz

Pro Wort 1 Punkt 15

2 **Formuliere deine Gegenstandsbeschreibung aus. Beschreibe zuerst den Gesamteindruck und dann die Gestalt im Einzelnen von oben nach unten.**

So könntest du beginnen:

Das Fantasietier wirkt ______________________

____

____

____

____

____

____

____

____

Der Gesamteindruck ist beschrieben. 2

Alle Teile sind mit treffenden Wörtern beschrieben. 10

Die Reihenfolge ist sinnvoll. 2

29–23 Punkte

22–15 Punkte

14–0 Punkte

Gesamtpunktzahl

Sätze reparieren

1 **Unterstreiche im folgenden Text alle unvollständigen Sätze.**

Die Fernsehsender haben ihre Programme in den letzten Jahrzehnten immer mehr ausgeweitet. Besonders seit es kommerzielle Sender gibt. Viele Sendungen bieten Spannung und sollen damit Zuschauer anlocken. Wie z. B. Actionfilme oder Krimiserien. Außerdem enthalten viele Sendungen den Reiz des Bösen. Z. B. was treibt einen Menschen zum Mord? Die Sender haben noch andere Möglichkeiten, die Einschaltquoten hochzutreiben. Um hohe Werbeeinnahmen zu erzielen, sind Spitzenquoten wichtig. Und dass möglichst den ganzen Tag über hohe Quoten erzielt werden. Ein Fußballspiel kann man jetzt schon aus verschiedenen Perspektiven sehen. Oder verschiedene Radfahrer bei einem Radrennen. Damit hat der Zuschauer so viele Möglichkeiten wie im Internet. Die Sender versprechen sich davon, dass wieder mehr Menschen fernsehen. 5

Unvollständige Sätze kann man reparieren, indem man
→ Wörter hinzufügt und dabei, falls nötig, die Wortstellung ändert,
→ den unvollständigen Satz an den vorhergehenden anfügt oder in ihn einfügt. Auch dabei kann man evtl. ein paar Wörter ergänzen.

★ **2** **Verbessere die unvollständigen Sätze, die du unterstrichen hast.**

Anfügen/Einfügen

Die Fernsehsender haben ihre Programme in den letzten ____________

____,

und zwar ______________________________________

____

Viele Sendungen, wie ___________________________

____

____.

Etwas hinzufügen (gegebenenfalls die Wortstellung ändern!)

Außerdem enthalten viele Sendungen den Reiz des Bösen, z. B. _stellt sich hier die Frage:_ Was treibt einen Menschen zum Mord?

Und ____,

dass möglichst den ganzen Tag über hohe Quoten erzielt werden.

So kann man ein Fußballspiel oder ________________

____

____ sehen.

Für jeden angepassten Satzteil 1 Punkt [ ] 5

[ ] 10 – 8 Punkte | 7 – 5 Punkte | 4 – 0 Punkte | [ ] Gesamtpunktzahl

Gedanken ordnen

Einige zusammenhanglose Sätze ergeben noch keinen verständlichen Text. Wenn du einen **Bericht** schreibst, solltest du auf die richtige **Reihenfolge** achten. Folgende Fragen könnten dir dabei helfen:
→ Was geschah zuerst, was danach, was zuletzt?
→ Was ist übergeordnet (Titel, Hauptaussage) und steht oben?
→ Was ist untergeordnet und muss unter einer Hauptaussage stehen?

1 Der folgende Text soll in der Schülerzeitung veröffentlicht werden. Dafür müssen die Sätze zuerst in die richtige Reihenfolge gebracht werden. Nummeriere sie.

- ☐ Mannschaft der 7b siegte 3:2 über 7c
- ☐ Das letzte Spiel brachte die Entscheidung des Turniers.
- ☐ Inzwischen steht der Siegerpokal in unserer Klasse auf dem Pult.
- ☐ Zunächst spielte die 7a gegen die 7c, dann die 7b gegen die 7a.
- ☐ Zum Schluss musste die 7b gegen die 7c antreten.
- ☐ Zuerst erzielten beide Klassen, 7b und 7c, je ein Tor.
- ☐ In der 34. Minute machte Leon Schumacher für die 7b alles klar.
- ☐ Obwohl wir kein Fußballwetter hatten, war die Stimmung gut.
- ☐ Die anderen in der Klasse hatten sich Anfeuerungsrufe ausgedacht.
- ☐ Weil die 7b gute Stürmer hatte, schoss sie bald das zweite Tor.
- ☐ Aber in der 26. Minute glich Niklas Schmidt für die 7c aus. ☐ 11

Wenn du selbst einen Bericht schreibst, kannst du die Reihenfolge, in der etwas passiert ist, in deinem Text durch bestimmte Wörter betonen. Dadurch wird es für den Leser leichter, deinen Text zu verstehen.
Beispiel: *Zunächst* spielte die Klasse 7c gegen die Parallelklassen.

2 **In dem Text aus Übung 1 gibt es mehrere Wörter, die die Reihenfolge betonen. Unterstreiche sie und trage sie in die Tabelle unter dem Zeitstrahl ein. Suche weitere Wörter, die in die Tabelle passen.**
Tipp: Stell dir vor, du schreibst einen Bericht über ein Fußballspiel.

Anfang → Mitte → Ende

zunächst		

Pro Wort 1 Punkt ___ /29

4

___ 40–34 Punkte 33–21 Punkte 20–0 Punkte ___ Gesamtpunktzahl

Sätze verknüpfen

1 Der folgende Text hat keine Verknüpfungswörter. Ergänze passende Wörter. Du kannst selbst überlegen oder den Logik-Baukasten zu Hilfe nehmen.

Schülerbefragung (aus einer Schülerzeitung)

Bei unserer Befragung wollten wir mit jeweils zwei Klassen pro Jahrgangsstufe sprechen, ____________________ die Sache stellte sich als schwieriger dar, als wir gedacht hatten. ____________________ der erste Lehrer, in dessen Unterricht wir hineinplatzten, uns wenigstens acht der erbetenen zehn Minuten seiner kostbaren Zeit schenkte, wurden wir ____________________ mehrmals abgewiesen. ____________________ können wir insgesamt nur die Meinungen von sechs Klassen wiedergeben.

Die Klasse 5c war von ihrem Klassenlehrer begeistert; ________ keiner hat eine negative Bemerkung über ihn gemacht. ____________________ gab es in den Klassen 8a und 9c einige Kritik am Klassenlehrer, ________________ die meisten auch hier zufrieden waren. In den Klassen der Mittelstufe wurden einige Fächer als langweilig empfunden, ________________ meistens diejenigen, in denen unbeliebte Lehrerinnen und Lehrer unterrichten. ________________ wurde in einer Klasse auch Sport als interessantes Fach bewertet, __________________ es von einem unbeliebten Lehrer unterrichtet wird. Das zeigt, _______________ der Lehrer zwar einen großen Einfluss auf die Beliebtheit des Faches hat, manche Fächer _________________ auch trotz unbeliebtem Lehrer Spaß machen können.

12

Logik-Baukasten
Verknüpfungswörter für Texte

obwohl	trotzdem	zum Beispiel
sodass	deshalb	stattdessen
während	immerhin	aber
indem	(wo)hingegen	allerdings
solange	zumal	denn
derartig, dass	mit	mithilfe
ohne dass	infolgedessen	
außer dass	demnach	
ohne zu	also	
falls	dennoch	
wenn	jedoch	
je nachdem, ob	somit	
je ... desto	folglich	
zwar ... aber	dabei	
wovon/wozu	dadurch	
wodurch/wobei/wonach	danach	
aufgrund	wegen	

★ **2** **Lies je eine Seite in einem Physik- und Deutschbuch und in der Zeitung. Trage weitere Verknüpfungswörter, die du dort findest, in die rechte Spalte ein.** 11

3 **Unterstreiche Verknüpfungswörter, die du bisher nur selten oder gar nicht verwendet hast. Du kannst diese Wörter auch farbig markieren.**
Tipp: Leg diesen Logik-Baukasten immer neben dein Heft, wenn du als Hausaufgabe einen Text schreiben musst.

23 – 18 Punkte | 17 – 13 Punkte | 12 – 0 Punkte | Gesamtpunktzahl

Autor Dr. Gerd Brenner

Bibliografische Information der Deutschen Nationalbibliothek
Die Deutsche Nationalbibliothek verzeichnet diese Publikation in der Deutschen Nationalbibliografie; detaillierte bibliografische Daten sind im Internet über http://dnb.dnb.de abrufbar.

1. Auflage

F E D
Bibliographisches Institut GmbH
Mecklenburgische Straße 53, 14197 Berlin

Redaktionelle Leitung Anika Donner
Redaktion Maria Bley
Illustrationen Dorina Tessmann
Herstellung Ursula Fürst
Layout Horst Bachmann
Umschlaggestaltung 2issue, Münschen
Satz Satzpunkt Ursula Ewert GmbH, Bayreuth
Druck und Bindung AZ Druck und Datentechnik GmbH, Heisinger Straße 16, 87437 Kempten
Printed in Germany

ISBN 978-3-411-87137-7

PEFC/04-31-2260

PEFC zertifiziert
Dieses Produkt stammt aus nachhaltig bewirtschafteten Wäldern und kontrollierten Quellen.

www.pefc.de